SOUVENIR

DE MON

PÈLERINAGE

A ROME ET A LORETTE

EN 1880

PAR J.-H. MORET

Sancte Petre, ora pro nobis.

ANNECY

ANCIENNE IMPRIMERIE BURDET

L. NIÉRAT & Cie, SUCCESSEURS

imprimeurs de l'Evêché

1880

SOUVENIR

DE MON

PÈLERINAGE

A ROME ET A LORETTE

EN 1880

PAR J.-H. MORET

Sancte Petre, ora pro nobis.

ANNECY

ANCIENNE IMPRIMERIE BURDET

J. NIERAT & Cie, SUCCESSEURS

imprimeurs de l'Evêché

1880

Nous autorisons volontiers l'impression de l'Opuscule Souvenir de mon Pélerinage a Rome et a Lorette en 1880, *par M. J.-H. Moret, Missionnaire de Saint-François de Sales.*

Annecy, le 31 mai 1880.

Le Censeur Ecclésiastique,

J. Ruffin, *Vic. Gén.*

SOUVENIR DE MON PÈLERINAGE

A ROME ET A LORETTE

Annecy, 31 mai 1880 (Ste-Angèle de Mérici.)

MES BIEN CHERS AMIS,

J'ai revu notre cher Annecy ; j'ai retrouvé le calme, la paix et la douceur de ma cellule ; mon grand pèlerinage a été couronné par un *petit pèlerinage* à la famille et à l'amitié. Dans de trop courtes, mais douces causeries, j'ai pu vous dire quelques-unes des grandes émotions de mon âme pendant mon pèlerinage à Rome et à Lorette. Et maintenant, vous me demandez le récit de mon voyage ; vous voulez que je vous conduise, à travers Rome et Lorette, à tous les lieux bénis que j'ai eu le bonheur de visiter. Je n'ai que les notes rapides et incomplètes que je vous adressais durant mon voyage, et le trésor de mes souvenirs : c'est assez, car je n'entreprends pas un récit complet de mon pèlerinage ; je ne prétends point faire une œuvre littéraire; je me rends seulement aux vifs désirs de la famille et de l'amitié, trop heureux si je pouvais graver à jamais dans mon cœur, en le redisant aux vôtres, le souvenir de ce cher pèlerinage qui restera comme une des plus grandes joies de ma vie et un des plus précieux bienfaits du divin Cœur de Jésus !

Turin, 15 avril 1880 (Jeudi, 10 h. 1/2 du soir.)

Mes chers Amis,

J'arrive à Turin, et je suis à vous avant de m'endormir : cela me bercera sur la terre étrangère.

Hier, à trois heures après midi, j'ai quitté Annecy, priant mon Père et Saint bien-aimé, saint François de Sales, de bénir ce voyage de Rome si imprévu pour moi, de le rendre fructueux pour mon âme. En montant en wagon, je sentais que j'emportais bien dans mon cœur le souvenir de la famille, des amis et de notre petite communauté.

A Chambéry, j'ai pu passer quelques heures au couvent de la Visitation ; j'ai célébré la sainte messe, je me suis recommandé aux prières des filles de saint François de Sales, et, après avoir cordialement salué oncle, tantes et nièces, je prenais le chemin de la gare.

Je me promenais depuis quelques instants, lorsque je me vois abordé par un prêtre à cheveux blancs, portant à sa boutonnière la décoration de la Légion d'honneur.

— Vous êtes un pèlerin de Rome ? me dit-il.

— Oui, monsieur le curé.

— Moi aussi, reprit-il ; je suis Alsacien, curé de Neuf-Brisach ; on a pu nous annexer à la Prusse ; mais mon cœur est resté bien français ; Alsacien et Savoyard doivent se comprendre ; si vous le voulez, nous voyagerons ensemble.

Je lui serrai la main avec sympathie, et dès cette heure nous vécûmes dans une charmante intimité.

Nous montons en wagon, mon nouveau compagnon et moi, et nous nous trouvons, à notre grande joie, en *plein pèlerinage*. Le train se remet en marche ; on admire le paysage si gracieux des environs de Chambéry : le sanctuaire de Notre-Dame de Myans attire l'attention, et un chant et une prière appellent sur nous la bénédiction de notre bonne Mère.

A Modane, nous faisons viser pour Turin nos billets circulaires ; les formalités de douane sont vite remplies ; à la nuit tombante nous entrions dans le tunnel du Mont-Cenis, et, après 27 ou 28 minutes, nous étions en Italie.

Neuf heures sonnaient à notre arrivée dans la gare de Turin. Ce soir, je suis heureux, content, point trop fatigué ;

seul dans ma *première* chambre d'hôtel, je pense à vous et vous envoie mes meilleures tendresses.

Adieu, je vous écrirai de Gênes ou de Florence ; vous pourrez m'écrire à Rome où je serai mardi (20 avril).

Gênes, 16 avril (vendredi, 11 h soir)

MES BIEN CHERS AMIS,

Je suis à Gênes depuis cinq heures du soir ; notre voyage a été très heureux de Turin à Gênes. A Turin, j'ai dit la messe dans l'église de *Saint-Charles*, j'ai visité la cathédrale et me suis rendu à la messe du pèlerinage qui se disait devant le Saint-Suaire. Chaque jour nous avons une messe à laquelle nous assistons tous ; au commencement de la messe, nous chantons le *Credo* ; après l'élévation, l'*O Salutaris*, et, durant la communion, qui est presque toujours générale, le *Magnificat* entremêlé d'un refrain français en l'honneur de Marie, touchante supplication pour Rome et la France. La messe achevée, une petite allocution, les avis du directeur, et, en dernier lieu, 7 *Pater*, *Ave* et *Gloria* à toutes nos intentions ; les deux premières intentions sont invariables : la première est pour le pape et l'Église ; la seconde pour notre cher pays ; les autres intentions varient suivant les sanctuaires et les souvenirs qu'ils rappellent.

J'ai été bien ému en entendant la messe devant le Saint-Suaire ! Comme fils de saint François de Sales, je me sentais mieux que personne devant cette sainte relique. Tout plein de souvenirs, j'ai prié pour notre petite Congrégation et pour vous tous, mes chers amis. Comme on a besoin de prier pour les siens, sous le coup des grandes émotions de la piété catholique ! J'ai parcouru quelque peu la ville qui est, je crois, une des plus belles villes de l'Europe.

A neuf heures et demie la vapeur nous entraînait, nous laissant jeter un rapide coup d'œil sur le Pô, ses rives verdoyantes, ses fraîches collines, et, à travers Asti, Alexandrie et Marengo, nous arrivâmes à Gênes.

Notre hôtel (Hôtel de France) trouvé dans les meilleures conditions, et avec la plus agréable compagnie *pèlerine*, nous allâmes à l'église Saint-Laurent qui possède des reliques incomparables : le *Sacro Catino*, plat en verre, couleur d'émeraude, dans lequel s'accomplit le miracle de la Cène ; le *disco*, plat d'agathe ou chalcédoine, dans lequel la tête de saint Jean-Baptiste fut présentée par Salomé à Hérodiade ; une relique de la tête de saint Jean-Baptiste et les chaines dont il fut chargé par Hérode.

Je n'oublierai point dans cette riche église de Saint-Laurent, la belle chapelle de Saint-Jean-Baptiste, dans laquelle j'ai eu le bonheur de célébrer la messe, et des statues de marbre d'Adam, d'Eve, de saint Zacharie, etc. etc., les plus vivantes peut-être que j'aie admirées en Italie.

Réception bien cordiale de l'excellent chanoine Jorioz de Moûtiers.

Visite de l'Annunziata et de San-Séro.

De là nous courions au *Campo santo* (cimetière). Il est impossible de rendre les beautés qui sont entassées là en fait de sculptures ; c'est une forêt de marbres tumulaires sortis des ciseaux les plus habiles de l'Italie.

D'immenses galeries de tombeaux valant chacun de 20, 50 à 100,000 francs ! Mais comme la pensée de la mort est tristement interprétée au point de vue chrétien ! le portrait du mort, des emblèmes, puis des statues représentant les parents *encore vivants* : c'est une affreuse exhibition de l'orgueil et de la vanité, et cela dans le séjour de la mort !... J'admirais au point de vue artistique ; mais que j'enviais la petite croix de bois du pauvre, s'élevant modeste et consolante, tout à côté de splendeurs scandaleuses pour ceux qui savent ce qu'est la mort dans les vues de Dieu et de la Foi !....

Le soir nous eûmes une déception ; nous devions avoir le salut à la chapelle de Sainte-Catherine de Gênes, où l'on vénère le corps de la sainte parfaitement conservé ; nous devions visiter aussi sa chambre et son hôpital ; mais une petite révolte survenue dans l'intérieur de l'hôpital nous priva de ce bonheur.

A sept heures et demie, les pèlerins étaient réunis dans l'église de l'Immaculée-Conception, où nous priâmes avec amour devant une Immaculée qui révèle le ciseau d'un artiste et d'un croyant. Nous dîmes, aux pieds de notre Mère, nos prières accoutumées, nos chants populaires retentirent, M. le curé nous adressa quelques bonnes et chaudes paroles, Notre-Seigneur voulut bien nous bénir, et nous reprîmes le chemin de l'hôtel. Une grande table réunit bon nombre de pèlerins ; douce gaîté, franche cordialité ; nous serrons pour la première fois la main de deux représentants de cette *jeunesse catholique* qui devait, dans presque toutes les villes, se faire, le plus gracieusement possible, notre ange conducteur.

Je suis dans une petite chambre au cinquième étage ; le port éclairé est d'une beauté à extasier. Il y a réunion chez moi de notre petite caravane ; le prêtre alsacien et moi nous sommes accoudés sur le balcon, regardant le panorama unique qui s'étend à nos pieds ; les autres pèlerins causent, jasent, rient, et nous nous séparons pour nos correspondances à la famille : c'est l'avant-goût du repos de la nuit.

Je vous dirai, pour vous amuser, que de neuf heures du matin à huit heures du soir, je n'avais sur l'estomac que deux tasses de ca'é au lait, lesquelles encore m'ont fait mal, et, à la grande joie de ma caravane, en wagon, j'ai dû prendre de l'eau de *mélisse* des Carmes, avec le *Souvenir de ma mère*, le tout m'a guéri.

En résumé, contentement, joie, paix ; en marche sur Rome !

Demain à Pise, coucher à Florence.

J'écrirai de là à T...., qui vous fera parvenir ma lettre.

Veuillez conserver ces quelques lignes rapides que je vous adresse le long de mon pèlerinage ; elles pourront servir de notes pour faire mon récit au retour.

Adieu, mes bien chers amis, de Gênes comme d'Annecy, comme de partout, on pense à vous, on vous aime, on prie pour vous ; n'oubliez pas le pèlerin ! Adieu ! et que le divin Cœur vous bénisse !

Foligno (en gare) 19 avril, 11 h. 1.2 du soir.

MA BIEN CHÈRE SŒUR,

Ma dernière lettre, datée de Gênes, que notre bonne mère a dû vous faire parvenir, relatait mon voyage à travers Turin et Gênes ; je continue mon récit ; je suis en gare de Foligno pour trois heures, attendant le passage du train qui va à Rome, et pas de plus douce occupation que d'écrire à ceux que l'on aime et à qui on pense tant en voyage.

Foligno est la ville de sainte Angèle, et j'ai un souvenir tout spécial pour nos deux Angèle.

Nous avons quitté samedi matin Gênes *la Superbe*; à 4 h. 30 nous entrions dans Pise, ville de 50,000 âmes, gracieusement assise au bord de l'Arno ; nous n'avions que quelques heures à donner à cette ville. Nous visitons la cathédrale, une des plus belles que j'aie encore vues ; le baptistère avec ses portes et sa chaire sculptées ; puis par près de 300 marches, j'escalade la fameuse Tour penchée, pour y jouir d'un splendide panorama sur la campagne et la mer. On admire le campo-santo qui date du XII° siècle ; il y a là, le long des cloîtres, des sculptures et des fresques célèbres En revenant à l'hôtel, nous entrâmes dans l'église de Saint-Etienne-des-Chevaliers, où flottent des drapeaux pris aux Turcs à Lépante (1571).

A huit heures du soir, nous remontons en wagon ; la nuit était tombée ; l'air pur, frais et embaumé de mille senteurs, venait nous caresser ; on priait et on chantait. A dix heures, nous faisions notre entrée dans Florence *la belle* ; nous eûmes quelques désagréments pour nos logements ; enfin, à onze heures du soir, nous étions très-bien casés.

Le lendemain, à mon réveil, je constatais qu'une violente migraine voulait me tenir compagnie à Florence (on se passerait de ces compagnons de pèlerinage). Ce jour-là, j'ai eu cependant deux grands bonheurs. Le pèlerinage était convoqué dans l'église de Sainte-Madeleine de Pazzi, où nous avons vénéré le corps de cette sainte qui comprenait, selon une belle parole, *que la souffrance est la moitié généreuse de l'amour ;* c'était le dimanche du patronage de saint Joseph ; j'ai pu dire la messe à son autel et baiser son bâton que l'on conserve dans une petite chapelle assez éloignée de l'église de Sainte-Madeleine. — Visite au célèbre musée de Florence, mais en *migraine* ; à deux heures, nous vénérons tous ensemble le crucifix de saint Jean Gualbert.

Dans l'après-midi, une voiture conduisait quelques-uns d'entre nous sur une des collines qui dominent Florence ; le but de notre course était l'église de San Miniato avec ses belles mosaïques, son *campo-santo* et la place où saint Jean Gualbert rencontra son ennemi et lui pardonna. Des terrasses de San Miniato, on a sur Florence la vue la plus ravissante que l'on puisse rêver ; nous nous arrachâmes à regret à ces splendeurs, et, en rentrant, nous fîmes une petite visite à l'église de Sainte-Croix et à la statue du Dante, à la grande église de Sainte-Marie des Fleurs (la cathédrale) et à son antique baptistère aux trois célèbres portes de bronze.

A la nuit tombante, nous étions à la *Santissima Annunziata*, où nous reçûmes la bénédiction du très Saint-Sacrement ; nous priâmes ensemble devant la célèbre image miraculeuse de l'Annonciation, achevée par les Anges.

Ce matin (lundi 19 avril) je dis ma messe à Saint-Charles et je rejoins le pèlerinage à *Santa Maria Novella*, église à façade originale et à peintures estimées.

A huit heures, nous quittons Florence ; nous traversons des pays qui sont de vraies forêts d'oliviers ; nous longeons le beau lac de Trazimène ou de Pérouse, à une heure après-midi, Assise. Tout à côté de la gare se trouve la basilique de Notre-Dame des Anges ; nous organisons la procession, et l'*Ave Maria* sur les lèvres, nous entrons dans la petite chapelle de la Portioncule, enchâssée dans la grande basilique ; de là, toujours en procession, nous allons à l'oratoire de Saint François, lieu de l'apparition de Marie et des Anges ; nous saluons les rejetons des rosiers où le saint se roula dans les épines. On serait resté là tout le jour, mais il fallait gagner Assise qui se trouve à une heure de la gare. — C'est une petite ville du XIIIᵉ siècle, bâtie en amphithéâtre, et qui a pour ceinture la plus riante campagne que l'on puisse voir. — Il pleut le long de la route ; d'affreuses voitures nous conduisent lentement à Assise, où nous faisons notre entrée au milieu d'une population en haillons qui nous accompagne partout. A la vue de ces mendiants qui tendent la main avec une persévérance qu'on ne saurait décourager, un de mes voisins me disait : « S'ils savent aussi bien prier Dieu qu'ils savent prier les hommes, ils sont sûrs de voir les portes du ciel s'ouvrir devant eux. »

Notre première visite fut pour l'évêque, qui nous reçut avec la plus touchante bonté ; dans l'antichambre de son palais si modeste, une fresque nous rappela que c'était dans cette pièce que François d'Assise, poursuivi par son père, se dépouilla de ses vêtements en prononçant ces belles paroles : « Maintenant, je pourrai dire avec plus de vérité : Notre Père, qui êtes aux cieux. » — De l'évêché, nous nous rendons à Saint-Damien, où le couvent de Sainte-Claire est entièrement conservé ; — bénédiction du Très-Saint Sacrement à l'église de Sainte-Claire ; — visite des chambres de saint François et de sainte Claire. — Je ne puis vous dire combien ces grands souvenirs m'impressionnèrent ! Quel parfum de vieille foi et de solide piété ! Mon Dieu ! que sommes-nous auprès de vos saints si généreux ? Des lâches, des ombres de chrétiens...

Rome ! Rome ! ma caravane et moi ne rêvions que cela ; nous laissons le pèlerinage passer la nuit à Assise ; nous descendons à la gare, durant une forte demi-heure, par une pluie diluvienne qui n'enlève rien de notre joie, de notre ivresse.

Ce n'est qu'un mot, gribouillé en gare, que je vous adresse ce soir ; mais cela vous aidera à me suivre ; puis, cela me fait du bien au cœur de vous écrire ! Quel beau voyage pour la foi, l'intelligence et le cœur ! Et dire que je vous ai *tous* sans cesse à mes côtés dans tous les sanctuaires ! Aucune intention n'est omise, n'ayez pas peur.

Adieu, ma bien chère sœur, priez pour le voyageur et écrivez-lui à Rome ; de là, on vous donnera des nouvelles.
— Un tendre souvenir aux *deux Angèle*, à Charles, à vous et à toutes les âmes aimées.

Rome, 20 avril.

BIEN CHERS AMIS,

C'est de Rome que je vous écris, de Rome, « la ville
« éternelle, tout embaumée du souvenir des saints, ornée
« des monuments splendides du génie et de la foi chré-
« tienne ; c'est de cette terre faite des empires vaincus
« par le Christ, consacrée par le sang et les ossements des
« martyrs ; » c'est de Rome que je vous écris ! — J'ai quitté Assise hier soir, et je suis encore tout embaumé des parfums qu'exhalent tous les objets qui rappellent saint François d'Assise et sainte Claire.

J'ai passé la nuit en wagon ; aux premières lueurs du jour, j'ai trouvé bien triste la route d'Assise à Rome. Mais, comment rendre l'émotion de l'âme d'un chrétien et d'un prêtre, quand il salue la ville de saint Pierre, la ville du Pape ? Les yeux s'emplissent de larmes, on prie et on regarde...

Je suis installé dans une petite chambre d'une maison bourgeoise, à deux pas du Panthéon et de la place Minerve ; c'est le quartier de nos pèlerins et l'endroit le plus central pour rayonner dans Rome.

Ma première visite a été pour Saint-Pierre, j'ai traversé le pont Saint-Ange, et contemplé le fort qui commande le pont ; le Tibre roulait ses flots jaunâtres. J'avançai, et mes yeux aperçurent enfin la *basilique du monde*. J'étais sur l'immense place de Saint-Pierre, étonné de ne pas trouver à cette place tant vantée et à l'église les proportions gigantesques que mon imagination s'était représentées ; j'eus la même impression en franchissant le seuil du temple ; mais cette impression première devait tomber à chaque nouvelle visite, et ne plus laisser de place qu'à une immense admiration pour le plus beau temple que la main des hommes ait élevé à la gloire de notre Sauveur adoré. Je pris de l'eau bénite dans le bénitier monumental soutenu par deux anges en marbre blanc, et je m'arrêtai ébloui, fasciné par la *fameuse Pietà* de Michel-Ange ; puis, j'avançai, j'avançai dans la basilique ; le cœur me battait bien fort ; je m'agenouillai devant le Saint-Sacrement, baisai dévotement le pied de la grande statue de saint Pierre, et je me trouvai à genoux devant la confession sur le tombeau même du prince des Apôtres : je touchais le but de mon pèlerinage, j'étais *ad limina Apostolorum*. Instinctivement, tout en déposant un brûlant baiser sur la balustrade qui me séparait des dépouilles vénérées, mes lèvres articulaient le *Credo*. Quel monde de pensées, de souvenirs ! Quel incomparable moment pour la foi !...

Il y a dix-huit siècles, un vieillard chétif, aux vêtements pauvres, fut conduit sur le mont du Vatican, attaché à un gibet, crucifié la tête en bas et mourut comme le dernier des scélérats. Autour de lui, la foule ricane : le voilà donc en croix, ce Galiléen qui a voulu apporter une nouvelle doctrine, nous faire adorer son Jésus, un autre Galiléen, mort du dernier supplice ! Insensé ! Il osait se croire plus fort que notre auguste empereur ; sa folie aura disparu avec lui...

Et voici que ce Galiléen a pour sépulcre le monument le plus splendide de l'univers ; l'or, l'argent, les pierreries, les marbres précieux, tous les chefs-d'œuvre de l'art l'ornent à l'envi ; les générations se portent en foule au tombeau de Pierre ; elles se prosternent dans la poussière et déposent là leurs baisers et leurs larmes. Depuis dix-huit siècles, toutes les générations chrétiennes vont au tombeau de Pierre ; depuis dix-huit siècles, la doctrine que préchait Pierre est professée ; sur l'obélisque de la grande place, je lisais tout-à-l'heure : *le Christ règne, le Christ commande, le Christ est vainqueur*, et voilà que dans la basilique, au nom du Christ, on mêle celui de son vicaire, et on lit ces paroles, gravées en lettres énormes : *Tu es pierre, et sur cette pierre, je bâtirai mon Eglise.* Et ce Galiléen, mort sur un infâme gibet comme son Maître, a fondé une dynastie impérissable qui a vu crouler les trônes et les empires, et cette dynastie qui vit et vivra toujours, c'est la papauté !

Au milieu de ces immortels souvenirs, touchant pour ainsi dire du doigt le surnaturel, comme on relève son front de catholique, et comme l'on est heureux et fier d'être l'enfant de la sainte Église romaine, le fils soumis et dévoué du vicaire de Jésus-Christ !

Combien de temps étais-je resté abîmé dans ces réflexions, je l'ignore ; je sortis, voulant regagner ma demeure, mais le long de la route, je sentis que, si j'étais le fils de l'Église romaine, j'étais aussi le fils de la France, et après avoir prié dans Saint-Pierre de Rome, je voulus prier dans Saint-Louis des Français, l'église de la France à Rome. Cette église est tout près de la rue que j'habite ; j'entrai dans la belle et riche église de Saint-Louis, où l'on conserve le cœur du grand roi, et je priai bien ardemment pour notre pauvre France tout endolorie.

Ma première journée à Rome était terminée.

Adieu, mes bien chers amis, ce sont mes premières lignes de Rome, d'autres les suivront. Que saint Pierre et saint Louis nous bénissent et nous gardent !

Rome, 24 avril.

Ma chère Sœur,

La lettre du 20 vous a raconté mon arrivée à Rome et l'emploi de ma première journée.

Le lendemain 21, je dis ma messe à la petite et gracieuse église de Sainte-Marie-Madeleine, qui se trouve à deux pas de ma demeure ; c'est dans cette église que je célébrerai presque chaque matin; je redoute les courses qu'il faut faire pour dire la sainte messe dans les différents sanctuaires. Dans cette église de Sainte-Madeleine, on conserve le corps de saint Camille de Lellis, dont toute la vie fut consacrée à assister les moribonds.

Le rendez-vous du pèlerinage était à l'église de Saint-Augustin ; nous étions au grand complet, tout heureux de nous retrouver sur le tombeau de sainte Monique, où la messe fut célébrée. On pria pour toutes les mères de France si angoissées à cette heure en songeant à l'avenir de leurs enfants ; on recommanda à la sainte aux *larmes fécondes* tous les Augustins coupables, en la suppliant d'en faire des Augustins repentants. La messe entendue, on donne un regard à la belle fresque d'Isaïe, peinte par Raphaël. Près d'une des portes d'entrée est la Madone *del Parto* (de l'enfantement), couverte de diamants et de bijoux ; elle est l'objet de la dévotion populaire ; les fidèles se signent avec l'huile de sa lampe.

En sortant de Saint-Augustin, j'allai à la place Navonne, visiter une de mes saintes de prédilection, sainte Agnès. Cette église à coupoles ravissantes, à peintures très-estimées, est construite sur l'endroit où notre petite sainte de 13 ans endura son supplice ; je descendis pieusement sur les différents lieux témoins de son martyre, je fis revivre dans ma mémoire tous les détails de ce drame incomparable, et j'eus là une de mes plus douces consolations, une de mes plus fortes émotions.

L'église Saint-André du Val avec sa majestueuse façade est à deux pas ; on y conserve les chaines de saint Sébastien. En regardant la chaire, il me semblait entendre les accents si courageux du grand évêque de Poitiers, alors que, durant le concile, il prononçait le panégyrique de saint Hilaire, et flagellait les *catholiques libéraux* et les *inopportunistes.*

Sainte-Marie de la Minerve doit son nom à un temple

de Minerve qu'elle a remplacé. Cette église, magnifique-
ment restaurée par les Dominicains, à qui elle appartient,
possède le corps de sainte Catherine de Sienne ; à gauche
de l'autel de la sainte, les fidèles vont respectueusement
baiser le pied d'un Christ en marbre que sculpta Michel-
Ange.

En rentrant, nous visitons le Panthéon (Sainte-Marie
des Martyrs), ancien temple consacré à tous les dieux, il
devint une église à la Mère du seul vrai Dieu. A l'autel du
Crucifix, on voit le tombeau de Raphaël.

Mon après-midi fut employée à faire quelques visites.

Le 21 avril était l'anniversaire de la fondation de Rome.
Le soir, je me rendis au Colisée. La nuit était sombre, le
ciel bien noir ; je montai le Capitole ; des flots de peuple
inondaient les rues, et j'aperçus le Colisée tout éclairé par
des feux de bengale. Ces lueurs blafardes se projetaient
sur les ruines du forum romain, du palais des Césars, des
arcs de Titus et de Constantin : c'était féerique. C'était ma
première visite au Colisée ; je m'assis sur un débris du
Forum romain, et, à la lueur de l'illumination, aux sons
d'une délicieuse musique, je pensais au passé du Colisée,
je le revoyais dans toute sa splendeur antique : cent mille
spectateurs inondent les gradins dont je contemple les
magnifiques débris, les vestales sont à leur place, l'empereur préside, les bêtes féroces envoient leurs cris furieux,
des portes s'ouvrent, des hommes à la fleur de l'âge, des
femmes, des jeunes filles, des enfants viennent saluer César
avant de mourir ; les lions, les tigres et les panthères sont
déchaînés, ils se précipitent sur les victimes, et nos frères
les chrétiens meurent en martyrs de Jésus-Christ ! Et il
me semblait entendre le dernier écho des applaudissements
de l'empereur, des vestales et du peuple. Que de martyrs

avaient paru dans cette arène ! que de sang généreux cette terre avait bu ! J'aurais voulu me prosterner dans cette glorieuse arène et baiser cette poussière sacrée ; mais il fallait y renoncer ce soir-là. Je rentrai lentement, porté par les flots du peuple, et tout abimé dans les souvenirs des luttes héroïques des premiers chrétiens !...

Jeudi, 22 avril, à huit heures du matin, le pèlerinage était à Sainte-Marie-Majeure, la plus belle église élevée dans Rome à notre bonne Mère du ciel : la façade a un balcon pour la bénédiction papale ; la tour est la plus haute de Rome, les mosaïques y abondent. Le bas-relief, qui domine une vierge peinte par saint Luc, nous rappelait l'origine de cette basilique, la neige tombée au iv° siècle, pendant la nuit du 5 août, pour dessiner la place que Marie s'était choisie. La messe terminée, nous nous rendons à la Confession, élevée par Pie IX sur les restes de l'apôtre saint Mathias ; nous nous mettons à genoux sur deux rangs, et, pendant que nos voix émues, chantant l'*Ave, Maris Stella*, l'*Ave* de Lourdes, *le Parce Domine*, faisaient retentir la basilique, nous vénérons de nombreuses reliques bien précieuses.

De Sainte-Marie-Majeure nous allons à Sainte-Pudentienne, église bâtie sur l'emplacement même de la maison qu'habitait le sénateur Pudens. Ce fut là qu'il reçut l'apôtre saint Pierre, arrivant d'Antioche à Rome ; l'apôtre eut bientôt converti au christianisme ce noble patricien et toute sa famille qui devint une famille de saints. Cette demeure fut donc, pendant quelque temps, le palais et la cathédrale du premier pape ; là, il écrivait ses épitres ; là, il dictait son évangile à saint Marc; là, il célébrait les saints Mystères.

On a conservé de la maison de Pudens le pavé-mosaïque

en cubes de marbre blanc, le puits où sainte Pudentienne recueillait les corps des martyrs, sous l'autel, des fragments vermoulus de la table sur laquelle saint Pierre célébra, et deux éponges avec lesquelles les pieuses vierges recueillaient le sang répandu pour la foi.

La façade de Sainte-Pudentienne me frappa par le bon goût avec lequel on la restaura dans le genre antique.

L'église de Sainte-Praxède, sœur aînée de sainte Pudentienne, m'attirait par deux grands souvenirs : là, se conserve la colonne de la flagellation de Notre-Seigneur, qui fut apportée à Rome en 1223 ; cette colonne est en jaspe ; sa hauteur n'est guère que d'un mètre ; ce qui fait comprendre comment le corps du Sauveur était exposé tout entier aux fouets des bourreaux ! Comme on prie et comme on demande pardon en face de cette relique si touchante de l'amour de notre bon Sauveur !

Sainte-Praxède possède encore le fauteuil de saint Charles Borromée, et la table sur laquelle il servait les pauvres.

Notre matinée était bien employée ; nous rentrons et nous nous trouvons nombreux au restaurant de la Rosette, c'était là qu'à midi et le soir, bon nombre de pèlerins se retrouvaient ; on égayait le repas par le récit de ses excursions et par cette franche·gaieté qui doit être la compagne inséparable d'un pèlerinage.

A deux heures, des voitures nous déposaient à Sainte-Marie des Anges, église faite par Michel-Ange, et enrichie de toiles très-appréciées. Les cloîtres des Chartreux, qui habitent le couvent voisin, sont remarquables par leurs vastes et élégantes proportions, ils sont l'œuvre de Michel-Ange, qui a planté les quatre hauts cyprès qui entourent le puits du préau.

Tout à côté, Notre-Dame de la Victoire, qui m'était

chère, parce qu'elle était le titre cardinalice de Mgr Pie.

Nous revenons à pied et nous entrons dans un petit monastère de dames françaises, Saint-Denis des Français. Toute la petite communauté est en liesse. Nous descendons la grande rue des Quatre-Fontaines et nous voilà place Barbarini, au couvent des Capucins ; la pensée de la Savoie et de la famille m'accompagne en entrant dans l'église Elle est dédiée à l'Immaculée Conception ; on admire dans les chapelles onze grands crucifix sculptés en ivoire par un capucin, le fameux tableau de saint Michel-Archange, chef-d'œuvre du Guide, et celui de saint François recevant les stigmates, par le Dominiquin. — Dans la sacristie est la copie d'un affreux crucifix que l'on dit avoir été peint par le diable en 1695 ; le cimetière est très-remarquable ; les murs sont couverts d'ossements symétriquement disposés, de manière à former des dessins, ce qui, je l'avoue, m'a paru très-peu respectueux.

Nous sommes à la place d'Espagne, dont toute la beauté est pour moi dans la statue colossale de Marie, élevée par Pie IX en mémoire éternelle de la proclamation du dogme de l'Immaculée Conception. La vierge, couronnée de douze étoiles et brisant de son pied virginal la tête du serpent, a une main élevée vers le ciel pour y puiser les grâces ; l'autre, penchée vers la terre pour répandre ces grâces sur nous. — Nous faisons quelques pas et nous débouchons sur la place du Peuple, une des plus belles de Rome par son étendue et ses décorations ; au milieu, un obélisque égyptien ; en face, deux églises magnifiques de même architecture ; trois rues larges et spacieuses (entre autres le fameux Corso des Romains) offrent un point de vue merveilleux.

A gauche, se trouve le grand jardin du *Pincio* ; je ne

fis guère attention aux équipages et à la foule élégante; le jour était avancé et des flots de lumière baignaient Rome qui s'étendait sous notre regard; je m'accoudai sur la terrasse et regardai bien longtemps, cherchant à reconnaître les monuments que j'avais déjà visités.

Vendredi, 25 avril. — C'est le tour de Saint-Jean de Latran, la mère et la maitresse de toutes les églises, la cathédrale de Rome, où prend possession le souverain Pontife après son couronnement. Dédiée au saint Sauveur et aux deux saints Jean, elle est une des sept églises que l'on visite pour gagner les indulgences.

La place, plantée d'arbres, est bornée d'un côté par les murs de Rome, qui n'empêchent pas une vue splendide sur la campagne et les monts Albains. Nous entendons la messe et chantons le *Credo* en face des têtes de saint Pierre et de saint Paul, au-dessus de la crypte qui servit de prison à l'apôtre saint Jean.

Dans cette église se conservait aussi la *Table* sur laquelle Notre Seigneur institua l'adorable Eucharistie; mais, à notre grand regret, nous ne pouvons la vénérer. D'autres reliques sont montrées et remplissent le cœur de délicieuses émotions :

La coupe dans laquelle, par ordre de Domitien, le poison fut présenté à saint Jean l'Evangéliste;

— Une partie de la chaine qui le liait, quand on l'amena d'Ephèse à Rome;

— Du linge avec lequel Notre-Seigneur s'essuya après la Cène;

— Du linge avec lequel il essuya les pieds de ses disciples;

— Le vêtement écarlate dont Jésus fut habillé par dérision;

— Le voile empourpré de sang dont la Vierge Marie couvrit Notre-Seigneur le Vendredi-Saint ;

— Un morceau de l'éponge trempée dans le fiel et le vinaigre, présentée au Sauveur mourant.

On se relève tout émus, tout embaumés, on traverse la place de Saint-Jean de Latran et nous sommes à la *Scala Santa*. On appelle ainsi l'escalier du prétoire de Pilate, que Jésus-Christ monta et descendit plusieurs fois durant sa passion. Les vingt-huit marches de marbre blanc, sur lesquelles on remarque quelques gouttes de sang, ont été recouvertes de bois pour les préserver contre le frottement. La chapelet en mains, la prière sur les lèvres, les larmes dans les yeux, la douleur et l'amour dans le cœur, on gravit à genoux ces vingt-huit marches. Vous ne vous attendez pas, je pense, à ce que ma misérable plume vous traduise ce qui se passe alors dans une âme chrétienne ; on médite, on prie, on pleure, on demande pardon, on aime et on savoure en silence une des plus fortes et des plus douces émotions que l'on puisse éprouver en sa vie.

En redescendant par les grands escaliers latéraux, j'admirai deux belles statues dues à la munificence de Pie IX : le baiser de Judas et un *Ecce Homo* de Giacometti.

De la Scala Santa, nous repassons devant Saint-Jean-de-Latran, et, après quelques minutes de marche à travers le chemin le plus gracieux et le plus solitaire, nous entrons à Sainte-Croix-de-Jérusalem, église érigée par l'impératrice sainte Hélène après la découverte de la vraie Croix ; dans l'abside, nous remarquons des fresques qui racontent toute l'histoire de l'invention de la sainte Croix ; la chapelle de Sainte-Hélène est remplie de la terre apportée du Calvaire et ornée d'une mosaïque de Balthazar Perruzzi.

Dans le couvent, habité par des moines de Citeaux, nous

visitons l'oratoire des grandes reliques où sont conservés :

— Trois morceaux insignes de la vraie Croix ;

— La majeure partie du titre de la Croix, écrit en trois langues ;

— Deux épines de la sainte Couronne ;

— Un des clous de la crucifixion ;

— Le doigt que saint Thomas mit dans la plaie du côté de Notre-Seigneur ;

— La traverse de la croix du bon Larron.

L'émotion nous avait coupé la parole, et ce fut en silence qu'un petit groupe visita au retour Saint-Clément, église qui a toutes les dispositions des plus anciennes basiliques ;
— Sainte-Françoise-Romaine, où repose le corps de cette noble veuve, de cette grande sainte, célèbre par sa dévotion à l'ange gardien, et la présence visible du sien.

La matinée était bien avancée, et cependant notre itinéraire marquait encore *Prison Mamertine*. Nous faisons courage et nous entrons. Cette prison, creusée par les rois de Rome 600 ans avant Jésus-Christ, a deux étages souterrains ; l'étage inférieur est affreux : c'est une fosse sans lumière aucune ; on y descendait les condamnés par une ouverture étroite ; c'est là que, sous Néron, saint Pierre fut enfermé pendant neuf mois. On boit à la source miraculeuse qu'il fit jaillir pour baptiser ses geôliers convertis ; on baise la petite colonne à laquelle le Prince des Apôtres fut attaché ; on baise le sol humide, les murailles, et l'on sort emportant à tout jamais le souvenir de cette prison de saint Pierre.

Midi était sonné, et, à travers le capitole, le Gesù et la Minerve, nous fûmes bientôt à notre restaurant de la Rosette : on était brisé.

Après un légitime repos, nous organisons une de nos

longues excursions, mais une de celles qui devaient le plus délicieusement enchanter notre mémoire : *Saint-Paul hors-les-Murs*. Nous prenons des voitures, et, par un temps ravissant, nous sortons de Rome. Sur la route d'Ostie, un petit oratoire nous rappelle les derniers adieux de saint Pierre et de saint Paul allant au martyre.

La basilique de Saint-Paul est devant nous ; nous entrons, et nous sommes saisis par les splendeurs qui s'y étalent : Dalles de marbre luisant comme une glace, colonnes de marbre précieux, plafond peint et sculpté, frise historiée des portraits des papes, en mosaïque à fond d'or, vitraux éblouissants. Brûlée en 1823, reconstruite par les soins de Grégoire XVI et de Pie IX, Saint-Paul Hors les-Murs est, sans contredit, une des plus resplendissantes églises de Rome. Avec quelle ivresse, je priai sur le tombeau de l'Apôtre des nations, et baisai ces chaines que la grande éloquence de saint Jean Chrysostôme a tant exaltées !

Un peu plus loin, *Saint-Paul des Trois-Fontaines*, marque le lieu où l'Apôtre fut décapité. La tradition rapporte que saint Paul se mit à genoux et appuya sa tête sur un tronçon de colonne ; la tête, tranchée par le glaive d'un soldat, fit trois bonds, et, à chaque endroit où elle s'arrêta, jaillit miraculeusement une fontaine ; nous avons vu les trois fontaines et nous y avons bu. En sortant, je fis une petite visite à des Trappistes français qui gardent ces lieux bénis ; on causa de Rome, de la France ; puis comme des Français, qui sont toujours pressés, nous disaient malicieusement les bons Pères, nous fimes prendre à nos voituriers la route de Saint-Sébastien ; le parcours était enchanteur, un beau soleil inondait la campagne, coquettement parée de son manteau printannier.

La basilique de Saint-Sébastien fait admirer la statue

couchée du saint martyr, qui repose sous un élégant autel.
Parmi les reliques, nous voyons avec bonheur une des
flèches qui percèrent saint Sébastien, la colonne à laquelle
il fut attaché pendant sa passion, et l'empreinte des pieds
du Christ, provenant de *Domine quo vadis*, que nous
devions voir à notre retour. Nous ne descendons point
aux catacombes de Saint-Sébastien, mais nous nous rendons à celles de Saint-Callixte, qu'on nous avait signalées
comme beaucoup plus intéressantes.

Nous allumons des flambeaux, et, à la suite de notre
guide, nous entrons dans ces souterrains vénérés. Comment
rendre l'impression que l'on éprouve en parcourant ces
longs corridors creusés sous terre, bordés de tombeaux !
La mémoire me reportait aux scènes qui se passèrent parmi nos pères dans la foi. Là, dans ces cryptes, ils chan-
taient le *Credo* que nous chantons ; les beaux restes de
peintures *inimitables* que l'on aperçoit sur les murs, nous
redisaient, dans la langue mystérieuse des symboles in-
compris des païens, tous nos dogmes les plus sacrés et
les plus chers ; mes yeux ne pouvaient se détacher de ces
naïves peintures, qui trahissent non-seulement la foi du
peintre, mais très souvent le talent le plus pur et le plus
original. Nous avançons, recueillis, à travers ces vastes
dortoirs, priant et invoquant les martyrs qui avaient reposé
là, et ceux, nombreux sans doute, qui y reposent encore.
De distance en distance, nous trouvons des excavations
plus profondes : c'étaient les chambres qui servaient de
chapelles ; il nous semblait respirer encore les parfums de
l'ardente prière de nos pères, entendre vibrer encore les
accents suppliants de leurs mélodies.

Quelle leçon de courage pour nos lâchetés !

J'ai bien demandé à Jésus-Christ de nous donner le

courage de le confesser *jusqu'aux catacombes* s'il le faut :
cette prière avait son *opportunité...*

Nous reprenons la route de Rome, et nous voilà devant
un petit sanctuaire intitulé : *Domine quo vadis.* Saint
Pierre, suivant en cela les conseils des fidèles de Rome,
qui le priaient instamment de se mettre en sûreté, résolut
de se soustraire à la persécution de Néron. Il quittait
Rome par la voie Appienne ; arrivé à l'endroit où nous
sommes, il rencontre Jésus-Christ portant sa croix : « Seigneur, où allez-vous, *Domine, quo vadis*? dit saint Pierre. »
— « Je vais à Rome me faire crucifier de nouveau, »
répondit le Sauveur.

L'apôtre comprit la leçon ; il retourne à Rome, est ar-
rêté, jeté en prison et crucifié.

Le soleil dorait de ses derniers feux le Colisée, que je
n'avais encore vu et visité que de nuit ; on entre, on exa-
mine en tout sens le *Colosse* et l'on se prosterne sur cette
poussière, dont chaque grain est une relique, puisqu'elle a
bu le sang de tant et tant de martyrs. Il y a quelques années,
l'étendard du salut s'élevait au milieu de cette arène
sacrée ; les stations du chemin de la croix permettaient
au pèlerin de satisfaire ainsi sa piété ; mais le gouvernement
italien a fait abattre la croix et disparaître les quatorze
stations ; l'indignation monterait vite du cœur aux lèvres :
on pria silencieusement en réparation de cet attentat
sacrilège.

Samedi, 24, nous avions notre rendez-vous à Saint-Pierre ;
en m'y rendant, j'entrai à *Chiesa nuova*, l'Église neuve,
toute pleine des souvenirs de saint Philippe de Néri, le
grand confesseur des jeunes gens, que l'on a justement ap-
pelé *le saint François de Sales de l'Italie.*

La messe fut dite à l'autel de la chaire de Saint-Pierre

Avec quel élan, quelle ardeur, quel enthousiasme on chanta le *Credo*, en face de cette chaire de Pierre ! On promit à Dieu de ne reconnaître d'autre enseignement que celui qui tombe de cette chaire infaillible, de ne marcher qu'à la lumière qui vient du ciel par le Vatican !

Mgr Macchi, maître de Chambre du Saint-Père, célébra la messe et nous adressa quelques paroles pleines de la plus affectueuse piété.

La messe terminée, la procession s'organise, nous allons chanter pour Léon XIII *l'oremus pro pontifice* dans la chapelle léonine, et nous nous agenouillons devant le tombeau provisoire de Pie IX ; nous payons de bon cœur notre dette de reconnaissance. Pie IX est *inoubliable*; d'ailleurs Rome est pleine de lui : églises, rues, places, fontaines, ponts, jardins publics, musées : tout nous vient rappeler sa royale munificence et son goût exquis pour les arts ! Cher et bien-aimé pape, quand pourrons-nous l'invoquer publiquement et réciter son office ?...

Il était dix heures, et, avant de sortir de Saint-Pierre, nous voulûmes faire l'ascension de la coupole. La fatigue éprouvée en montant, s'oublia complètement en face de la vision féerique dont nous eûmes le bonheur de jouir depuis la dernière galerie.

L'après-midi fut employée à quelques visites. J'allai chez les sœurs de la charité, à la *bouche de la vérité* sur le mont Aventin ; je dis une prière dans l'église de Sainte-Marie de la Beauté ; je salue le charmant petit temple dit de Vesta, et je sonne au couvent. L'excellente Mère générale me reçut en vraie compatriote ; les Sœurs furent pour moi d'une bonté incroyable; je fus enchanté de la visite de leur maison, et surtout ravi de leur beau parc et du panorama dont elles jouissent. Après de bonnes causeries sur notre

Savoie, les œuvres, les vocations et tout ce qui nous tenait au cœur, je partis, promettant de venir, avant mon départ, célébrer la messe dans la chapelle de la communauté.

Le soir, bénédiction du Très-Saint-Sacrement à la gracieuse chapelle inachevée des Pères de Notre-Dame du Sacré-Cœur d'Issoudun. Le Père supérieur jette de son âme dans les nôtres quelques accents brûlants ; nous entendons chanter des litanies du P. Lambillotte et un cantique français ; nous avons quelques instants de vrai bonheur aux pieds de la statue de Notre-Dame du Sacré-Cœur ! France, Savoie, famille, amis, communauté, joies et tristesses, craintes et espérances : tout fut déposé ce soir-là dans le cœur immaculé de la Reine du Sacré-Cœur.

C'est pour ainsi dire aux pieds de cette bonne Mère que je clos cette lettre, vous dis adieu et au revoir ; j'espère vous écrire quelques lignes demain soir, après la grande journée de l'audience papale. Adieu.

Rome, 25 avril 1880 (Dimanche).

MES CHERS AMIS,

A midi et quelques minutes, j'ai vu le *Pape, le Vicaire de Jésus-Christ !* C'était là tout le but de mon pèlerinage. J'ai été assez calme jusqu'au moment de l'audience, mais alors je n'y tenais plus. Quand le pape est entré, je suis tombé à genoux, les pleurs ont coulé et je suis resté anéanti quelques instants. Puis il nous a adressé de magnifiques paroles, et nous a admis à passer devant lui, à

lui baiser le pied et la main, et à lui faire nos petites deman-
des *cœur à cœur*. Et j'étais là aux pieds de Léon XIII ! Je
le regardais, je le *buvais* ; il plongeait dans mes yeux son
grand et profond regard ! Malgré mon émotion, j'ai dit au
Pape d'où j'étais, je vous ai nommés et il vous a bénis ; il
a béni aussi, avec joie, a-t-il ajouté, les missionnaires
de saint François de Sales ! Cela fait, je suis parti embaumé,
transporté, en voyant que le pape à travers les rues de Rome !
On touche le divin, au point d'en être terrassé : je ne vous
dis rien de plus, il y a des choses qu'on ne traduit pas....

Après un peu de repos bien nécessaire, nous sommes
allés à l'église des saints Jean et Paul ; on célébrait la fête
de saint Paul de la Croix. Chapelle du saint magnifique-
ment ornée et toute étincelante de lumières ; foule, chants
très beaux.

A deux pas, à Saint-Etienne-le-Rond, nous admirons
avec je ne sais quel saisissement mêlé de respect et
d'effroi, les fresques qui rappellent les différents supplices
infligés aux martyrs.

Notre dernière visite fut pour l'église de Saint-Grégoire,
qui s'élève sur la maison même du saint. On y arrive par
un escalier de trente-deux marches. On conserve la cellule
même de saint Grégoire, où l'on voit encore son fauteuil de
marbre blanc et l'endroit où il dormait. Dans le jardin qui
précède l'église, sont trois oratoires : dans le premier, on
voit une statue de sainte Sylvie, mère de saint Grégoire ;
dans le second, deux fresques d'un rare mérite : l'une,
saint André flagellé, du Dominiquin ; l'autre, *saint André
à genoux devant la croix sur laquelle il va être mis à
mort*, du Guide.

Le troisième oratoire était autrefois la salle à manger de
saint Grégoire ; la statue du saint a été ébauchée par

Michel-Ange et achevée par Nicolas Cordier. Au milieu est une table de marbre sur laquelle saint Grégoire servait tous les jours à manger à douze pauvres, et où un ange s'assit une fois comme treizième convive, ainsi que le représente une fresque.

Ce soir, réunion chez le cardinal Borroméo, et, à dix heures, je pars pour Naples, et reviendrai à Rome mercredi matin.

Ma santé est splendide, malgré les courses et la chaleur.

J'ai reçu vos deux bonnes lettres ; merci : c'est bon à lire.

Adieu, mes biens chers amis, que la bénédiction de Léon XIII nous garde et nous obtienne les bénédictions célestes dont elle est le présage !

Rome, 28 avril 1880 (mercredi).

MA CHÈRE SŒUR,

Le petit bout de billet, que j'ai adressé dimanche à maman, vous aura raconté, autant que cela se peut, mes émotions aux pieds du Pape.

Ce même soir, soirée chez son Eminence le cardinal Borroméo, descendant de l'illustre famille de saint Charles ; délicieuse musique par de jeunes aveugles dont le cardinal s'occupe beaucoup ; — causerie fine, spirituelle du cardinal sur les œuvres de jeunesse à Rome. A dix heures du soir, pour éviter la chaleur et gagner un temps bien précieux à Rome, je partai pour Naples, d'où je ne suis revenu que ce matin.

Naples, *un coin du ciel tombé sur la terre*, et c'est vrai.
Visite à Pompéi. Quelle méditation au milieu de ces *ruines* qui sortent de terre toutes *vivantes !* Quelle méditation
sur les crimes des peuples et les châtiments de Dieu !

Je suis revenu de Pompéi grave, silencieux.

— Visite à la cathédrale ; le lendemain, messe sur des
reliques de saint Janvier.

Nous sommes montés à l'ancienne chartreuse de *San
Martino*, d'où le clément gouvernement italien a chassé
les religieux. San Martino est ce que j'ai vu de plus beau
sous tous rapports. Du belvédère de l'antique Chartreuse,
on a tout Naples à ses pieds, la mer, ses immenses hori-
zons ; je ne pouvais m'arracher à ce *commencement de
vision du ciel* ; — promenade au bord de la mer, à la
grotte de Pausilippe.

Si Naples est *unique*, la population l'est aussi ; sale,
dégoûtante, paresseuse et voleuse comme on ne peut plus ;
il faut les voir, les Napolitains, mangeant leurs *maccaroni*
et se chauffant à leur beau soleil. — Retour ce matin à
Rome, ma Rome, ma chère Rome ; je vais reprendre mes
courses.

Je ne vous écris que ce petit mot, chère sœur, priez
pour moi, et soyez sûre que la famille et les amis ne sont
oubliés nulle part !

Rome, 2 mai (dimanche).

Mes biens chers Amis,

Hélas ! hélas ! les jours s'envolent, et demain, à dix

heures du soir, nous aurons dit adieu à Rome, et nous serons sur la route de Lorette. Si vous saviez comme les adieux sont pénibles à cette Rome, la ville de la foi, du cœur, des plus grands souvenirs, des plus indicibles consolations! En la saluant demain, une dernière fois, je veux lui dire : au revoir! Je voudrais être ici tranquille avec vous ou un ami de cœur.

Depuis mon excursion à Naples, j'ai bien employé mon temps.

Le 29 (jeudi), à huit heures et demie, tous les pèlerins se trouvaient à l'église Saint-Laurent Hors-les-Murs ; nous avions déjà visité deux églises de Saint-Laurent: Saint-Laurent in *Lucina*, où l'on conserve les chaines de ce diacre intrépide et le gril de fer sur lequel il fut étendu pour être brûlé vif; — Saint-Laurent *in Paneperna*, sur le Viminal, où l'on montre l'endroit de son martyre, l'an 264.

Saint-Laurent Hors-les-Murs renferme les corps de saint Laurent et de saint Etienne. Cette basilique, divisée en trois nefs par vingt-deux colonnes de granit, est très-belle ; les murs sont couverts de peintures du XIIIe siècle, racontant l'histoire des saints diacres Etienne et Laurent.

Une peinture à fond d'or décore le fronton ; Pie IX, restaurateur de l'église, y est figuré avec les bienfaiteurs ; le pavé, en mosaïque de marbre, date du XIIIe siècle. Nous prions avec ferveur sur le tombeau de saint Laurent, saint tout français par l'allégresse malicieuse avec laquelle il souffrait et raillait ses bourreaux. C'est dans cette basilique, restaurée par ses soins, que Pie IX a choisi son tombeau ; bien des témoignages de touchante affection et de vive reconnaissance l'ornent déjà. Quelques-uns de nos pèlerins ont eu l'heureuse idée d'y laisser un souvenir, et nous avons fait faire une couronne en or, enfermée dans un très-beau cadre avec les noms des donateurs, et cette couronne sera prochainement déposée par nous sur le tombeau du grand pape.

Le cimetière de Rome est à côté de Saint-Laurent ; je le parcourus et je fus édifié, en regardant les monuments et en lisant les épitaphes, de constater comment à Rome on comprend l'idée de la mort : un monument simple et modeste habituellement, recouvrant une tombe couverte de fleurs : puis, une inscription, pleine de foi et d'espérance, dans le genre de celle-ci, placée sur la tombe d'une jeune fille : *Janua cœli*, la mort est la porte du ciel.

De Saint-Laurent Hors-les-Murs, je pars seul pour les musées du Vatican ; je m'enferme dans les loges et les chambres de Raphaël, dans la petite salle consacrée aux tableaux de Fra Angelico de Fiesole ; là, j'ai pu me *passer des extases* devant les chefs-d'œuvre des grands maîtres. Je rapporte une intéressante collection de photographies des tableaux qui m'ont le plus impressionné.

L'après-midi, j'entre à l'église du *Gesù*, une des plus belles de Rome. Hélas ! quels amers souvenirs ! *C'était* la maison professe et généralice des RR. PP. Jésuites ; j'ai bien prié pour les bons Pères dans la somptueuse chapelle de leur saint fondateur et dans la chambre où il est mort ; puis, dans la vaste église de saint Ignace devant les cendres de l'angélique Louis de Gonzague.

Je devais aller au Capitole rejoindre un groupe de pèlerins, et je pus enfin entrer dans l'église Sainte-Marie *in Ara cœli* où l'on conserve le *santo Bambino*, objet de la dévotion populaire et que l'on porte aux malades. Sculpté en bois de cèdre par un franciscain de Terre-Sainte au XVIe siècle, cet enfant Jésus miraculeux est enveloppé dans des langes de soie, recouverts de pierres précieuses et de brillants.

En sortant de l'*Ara cœli*, je rencontre nos pèlerins, et une voiture nous dépose à Saint-Pierre *in Montorio*, sur le Janicule. Un bon frère franciscain nous conduit dans un petit oratoire circulaire soutenu par des colonnes de granit, à l'endroit même où le Prince des Apôtres fut crucifié la tête en bas. Dans la crypte, on constate qu'un trou fut creusé pour planter la croix ; le bon frère nous donna une image et du sable provenant de cette excavation ; il nous expliqua que c'est ce sable jaune qui a valu à cette crête de Janicule le nom populaire de *mons aureus*, par corruption *Montorio*, *montagne dorée*.

Oh ! que ce souvenir de Saint-Pierre *in Montorio* est doux à mon cœur ! Quelle émotion en pensant qu'on priait à l'endroit même où le premier pape endura le martyre !

De l'esplanade de Saint-Pierre, on prétend (et à bon droit), qu'on a la vue la plus magnifique sur la ville de Rome et la vallée du Tibre.

Nous serions restés là bien longtemps ; mais nous étions aux premières vêpres de sainte Catherine de Sienne, que l'on devait chanter solennellement à la Minerve ; nous arrivons et nous trouvons *une fête comme on sait les faire à Rome !* Illumination splendide dans l'église, chants que les anges devaient écouter aux portes du paradis.

Vendredi 30. — Messe sur le tombeau de sainte Catherine de Sienne, et de là nous allons à deux souvenirs auxquels je tenais beaucoup : l'église de Saint-André *delle Fratte* (des Haies), lieu de l'apparition de Marie au juif Ratisbonne, aujourd'hui le R. P. Ratisbonne ; — la Trinité-des-Monts au Pincio. Depuis la place d'Espagne, on monte à cette église par un escalier de cent trente-quatre marches ;

elle possède de belles peintures, entre autres une *descente de croix*, le chef-d'œuvre de Daniel de Volterre. Le monastère, qui est joint à l'église, appartient à la société des religieuses du Sacré-Cœur ; les souvenirs de leur fondatrice, Madame Barrat, dont la belle vie a été délicieusement écrite par M. l'abbé Baunard, m'attiraient à ce monastère avec un charme tout particulier. Nous vénérons la douce et pieuse image de *Mater admirabilis*, œuvre d'une postulante (1848) ; cette image de Marie ne devait d'abord protéger que les récréations du noviciat, dans un corridor du monastère ; mais bientôt, elle attira les foules à ses pieds, des prodiges s'opérèrent, et le corridor est devenu une ravissante chapelle.

A deux heures, nous étions en voiture pour l'église de Sainte-Agnès Hors-les-Murs, et nous ne tardions pas à passer la célèbre *Porta Pia*, souvenir douloureux qui serre le cœur du fils soumis du Pape ; c'est cette porte que les Piémontais ont bombardée et par laquelle ils ont fait dans Rome leur entrée sacrilège.

En franchissant le seuil du cloître de Sainte-Agnès, on remarque une fresque assez mauvaise qui rappelle la chute que fit Pie IX, avec quelques élèves de la Propagande, du haut du premier étage du couvent, en 1855, et leur providentielle préservation. Avec quelle émotion on descend dans la crypte où repose le corps de la virginale et radieuse Agnès, à côté de celui de sainte Emérentie, sa sœur de lait !

Nous continuons notre route dans la campagne romaine, jusqu'à un pont nommé *Nomentano*, d'où nous jouissons d'une vue très-étendue sur les Apennins et les monts de la Sabine.

Samedi, 1er mai. — Ce jour devait être pour moi un jour tout de bonheur.

Je voulais tenir ma promesse aux bonnes Sœurs de la charité, et, à six heures, je montais à l'autel dans leur chapelle ; c'était le 1er mai, ouverture du mois de notre bonne Mère du ciel ; c'était le 1er mai, jour anniversaire de ma première communion ; à la tribune, deux voix interprétaient avec beaucoup d'âme les incomparables cantiques d'Hermann ; je sentais mon âme doucement émue par tout un monde de souvenirs, et je priai ardemment pour la communauté qui m'accueillait si gracieusement, et pour toutes les âmes aimées qui, ce matin, m'étaient plus présentes que jamais. — Je fis mes adieux aux Sœurs de la charité, et je courus rapidement au Vatican où nous devions entendre la messe du pape, dans la chapelle Sixtine.

J'ai donc assisté à la messe de Léon XIII ; je l'ai vu de nouveau, j'ai prié avec lui. Qu'il est grand et beau à l'autel, le vicaire de Jésus-Christ ! Abimé dans des mondes de réflexions, je m'humiliais devant le Père commun des fidèles, et je me redressais dans mes joies sacerdotales, en me disant : Je monte à l'autel comme le pape ; Jésus-Christ m'obéit comme il obéit au pape.

A l'issue de la messe papale, un petit groupe de pèlerins plus hardis, pénétra dans les jardins du Vatican ; nous visitons ces parcs, tout plantés de grands arbres, embaumés des parfums des orangers en fleurs, nous nous promenons dans ces mêmes allées où Léon XIII se promène et se repose quelque peu ; on s'arrête avec émotion devant une petite imitation de la grotte de Lourdes, qui avait été offerte à Pie IX ; il y venait prier tous les jours, et se lavait avec l'eau de Lourdes qu'on lui avait envoyée.

Les jours s'enfuyaient rapides, et nous tâchions de perdre le moins de temps possible. Cette après-midi du 1er mai fut donnée à sainte Cécile et aux églises du *Transtevere* (au-delà du Tibre).

Sainte-Marie au Transtévère eut notre première visite ; au haut de la nef, on nous montre le poids qui fut mis au cou de saint Calixte quand on le jeta dans un puits, et la fontaine d'huile qui, le jour de la naissance du Sauveur, coula en cet endroit jusqu'au Tibre ; ce fut la première église, élevée en 202, par saint Calixte, en l'honneur de la très-sainte Vierge. De là, nous allons à Saint-Chrysogone, qui possède le tombeau de la vénérable Anna-Maria Taïgi.

Sainte-Cécile ! Son nom est un parfum pour la piété, une mélodie pour l'oreille ! les actes de son martyre sont le poëme le plus émouvant que l'on puisse lire. Nous nous agenouillons devant la statue de marbre de la sainte ; elle semble dormir encore son extatique sommeil, comme la dernière fois qu'on ouvrit son cercueil en 1597.

La crypte renferme les corps de saint Valérien, époux de sainte Cécile ; de saint Tiburce, son beau-frère ; du pape saint Urbain et de saint Maxime. Des paysages très-estimés recouvrent les parois du vestibule de la salle des bains, où sainte Cécile, dans la maison même de son mari, fut exposée un jour et une nuit pour y être suffoquée par la vapeur, qui ne lui fit aucun mal. Le long des murs sont encore les conduits de plomb, et, dans un coin, la chaudière de cuivre où l'eau était mise en ébullition.

Nous ne pûmes qu'entrer rapidement dans l'église de l'apôtre saint Barthélemy ; nous devions nous trouver à l'église des Saints-Apôtres où l'on fêtait saint Philippe et saint Jacques. L'église était parée de toutes ses splendeurs, elle étincelait de mille feux, et les plus suaves mélodies célébraient la gloire des deux apôtres ; dans la crypte, reposent les corps de saint Philippe et de saint

Jacques-Mineur. Quelle ne fut pas l'émotion de ma prière pour ma mère et pour une de mes nièces, devant les restes de sainte Eugénie et de sainte Claudia, sa mère !

Dimanche, 2 mai. — De bonne heure nous gravissons le mont Aventin, et nous entrons à l'église de Saint-Alexis ; on voit encore, tout près de la porte, l'escalier de bois de neuf marches, sous lequel le saint vécut ignoré pendant dix-sept ans, dans la maison de son père ; la crypte possède les corps de saint Alexis, de saint Boniface et de sainte Aglaé.

Nous faisons quelques pas et nous sommes à Sainte-Sabine, le premier monastère dominicain ; le long des murs de l'abside, des fresques retracent l'institution du Rosaire par saint Dominique. Les hommes peuvent pénétrer dans le couvent ; les Pères nous accueillent très-cordialement et nous conduisent aux chambres de saint Dominique et de saint Pie V ; avant de sortir, nous allons cueillir quelques fleurs sur l'oranger planté par saint Dominique, et qui poussa un vigoureux rejeton, lors du noviciat du Père Lacordaire et de ses premiers compagnons.

Nous n'avions pu encore visiter Saint-Pierre-aux-Liens où l'on conserve les chaines que le prince des apôtres porta à Jérusalem et à Rome sous Néron.

En baisant ces chères chaines, et en priant saint Pierre, nous demandons le courage, la force, la vaillance dont nous pourrons peut-être bientôt avoir besoin.

C'est dans cette église que se trouve l'illustre Moïse de Michel-Ange.

La dernière heure de notre matinée fut donnée à tous les souvenirs d'un saint pèlerin français, le bienheureux Benoit-Joseph Labre : Sainte-Marie des Monts, où notre saint mendiant aimait tant à prier, et où son corps repose ; — la chambre où il mourut ; — celle où l'on conserve la plupart des objets qui lui ont appartenu. — Vers les quatre heures, nous étions au palais des Césars; ces grandes ruines s'étalaient sous un chaud soleil ; la foule était nombreuse, et j'eus là un de nos plus tristes moments à Rome. Heureusement nous n'y restons pas longtemps, et nous assistons au Mois de Marie dans l'église de Sainte-Marie *in via Lata* au Corso.

Ce fut là que saint Paul habita avec saint Luc, sous la garde de Martial, comme le font comprendre les textes des Actes des Apôtres, écrits sur les deux portes ; on boit à la fontaine que fit jaillir saint Paul pour baptiser Martial, son gardien ; ce fut dans cette maison que saint Luc peignit la Vierge et écrivit les *Actes des Apôtres*. Saint Paul y fit aussi plusieurs épitres.

Tout pleins de ces souvenirs, nous assistons avec bonheur à l'exercice du Mois de Marie ; l'église était comble, et toute l'assistance chantait les litanies de la Sainte-Vierge ; l'*O salutaris* et le *Tantum ergo* ; ce chant populaire, accompagné de l'orgue, fait un effet merveilleux.

Nous rentrons, le corps brisé, mais l'âme rayonnante.

Demain, ce sera notre dernière journée à Rome ; c'est dur à penser.

Adieu, mes chers amis ; que le souvenir de la famille et des amis est bon partout ! On continuera à vous aimer et à prier pour vous.

———————

Lorette, 4 mai (sainte Monique).

Ma bien chère Sœur,

Comme on a dû vous le dire de L..., j'ai reçu votre lettre, et je l'ai lue avec un plaisir qui se double sur la terre étrangère. Oui, je suis bien avec tous les miens, et le soir, quand je rentre fatigué, mon doux repos est de m'asseoir seul, tranquille, de repasser ma journée et de vous écrire, quand les forces ne trahissent pas le cœur et le courage.

Hier soir, à dix heures, nous disions adieu à Rome, avec un noir augmenté encore par la nuit la plus obscure et la pluie la plus torrentielle ; je ne puis me faire à cette idée de n'être plus à Rome. Triste nuit sans sommeil ; prière, réflexion et beaucoup de fatigue. Je voulais rester à jeûn pour dire ce matin ma messe à Lorette ; mais impossible, une sueur froide me prit, une espèce de défaillance, et j'ai dû recourir de nouveau à l'eau de Mélisse ; je vais mieux.

A sept heures du matin, nous étions à Ancône, que nous aurions voulu visiter, mais le temps était affreux ; nous avons entrevu l'Adriatique, et surtout nous avons entendu gronder ses flots. A neuf heures, nous étions entrés à Lorette, assez coquettement assise sur une colline. La population ressemble à celle d'Assise : mendiants dont on ne sait comment se défendre, marchands, hôteliers, qui vous poursuivent avec des offres à tenter les cœurs les plus insensibles ; on résiste toutefois ; les premiers préparatifs faits, on entend la messe dans la basilique, et, nous trainant sur les genoux, nous entrons dans la *Santa casa*, la sainte Maison, transportée par les anges, comme vous le savez, de la Palestine à Lorette ; *ici le Verbe s'est fait chair et il a habité parmi nous*, on ne peut lire que cela ; on baise le sol, les murailles, on pleure et on prie à son aise ; ma première prière a été l'*Angelus* et le chapelet. Quelle douceur indicible dans ces prières faites là ! Voilà donc les murs sanctifiés par la sainte Famille ! par Jésus notre Dieu et notre Sauveur, par Marie, sa mère et la nôtre, par notre bon saint Joseph ! C'est ici le lieu de l'apparition de Gabriel ! On est devant la vieille madone noire venant des temps apostoliques, on nous fait voir une armoire ayant servi aux trois hôtes de Nazareth, deux écuelles à l'usage de la sainte Famille, un crucifix miraculeux que l'on attribue à saint Luc. Je ne parle pas de la chapelle en marbre qui renferme la *Santa casa*, c'est un des plus beaux chefs-d'œuvre du monde ; mais l'intérieur seul absorbe ! Nous avons pu nous traîner sur ces dalles, baiser ces murs, respirer à l'aise ce parfum enivrant qui embaume cette humble demeure ! Ici *mon Dieu s'est fait homme par amour pour moi*, je le crois, je le sens, et en face de ces murailles qui ont vu ces merveilles de l'amour d'un Dieu, on tombe dans le silence de l'adoration et dans les effusions intraduisibles de la reconnaissance et de l'amour !

Je reviens de la *Santa casa* où j'ai passé ma journée, malgré les fatigues d'hier ; j'y retourne pour dire mon *Angelus* du soir, là où l'ange l'a dit pour la première fois !

Adieu, à demain ; je joindrai deux mots à ces quelques lignes.

Lorette, 5 mai, (mercredi midi).

Un soleil d'Italie a remplacé la pluie, et la vue se repose avec ravissement sur de jolies collines semées de verdure et de petits villages, et la mer s'étend belle et azurée fermant l'horizon. Je reviens du champ de bataille de Castelfidardo, situé à une petite lieue de Lorette ; un catholique et un Français doit faire ce pèlerinage. J'ai vu l'arbre au pied duquel est tombé l'intrépide général Pimodan, le pont que traversa Lamoricière, le mamelon si vaillamment pris et repris par les zouaves pontificaux ; un monument orgueilleux s'élève, de la part du gouvernement, *à la perpétuelle mémoire de la liberté du peuple des Marches ! ! !* Rien n'indique la place où sont tombés les héros du pape ; mais j'ai baisé ce sol, trempé du sang des braves, et je n'ai pas voulu donner un coup d'œil au monument de ceux qui ont spolié mon Père ! Que d'indignations on a sur cette terre d'Italie, et je ne puis les épuiser ! On souffre, mais on aime et l'on sent que l'on peut dresser son front de catholique !

Adieu, ma chère sœur, je vais *avec vous tous* faire une dernière visite à la *Santa casa, effeuiller ma couronne* (comme disent les Italiens en parlant du chapelet) ; nous partons à cinq heures pour Padoue, où nous arriverons à trois heures du matin. — Adieu.

Milan, 8 mai (samedi soir).

MES BIENS CHERS AMIS,

Il est neuf heures du soir, je suis à Milan depuis six heures ; j'ai fait quelques courses dont je vous parlerai, et me voici à vous. *Le mal du pays et de la famille* me prenait si fort ce soir que j'ai tout laissé, je m'enferme à ma chambre et causons ; ce sont mes meilleures soirées, quand je ne suis pas trop las. Le voyage que je fais est bien beau, mais je souffre beaucoup de n'avoir pas un ami avec moi ; pas une âme à laquelle je puisse tout dire : si j'avais cela, ce serait trop beau.

La lettre adressée à T... m'a laissé à Lorette, cher et bien-aimé sanctuaire auquel il fallut s'arracher vers quatre heures. — Une dernière consécration de nous, de nos familles, de la France, nous émut jusqu'aux larmes ; les derniers chants étaient pleins de sanglots, et semblaient émouvoir la foule compacte qui nous entourait ; on baise une dernière fois ces murs bénis, et les omnibus nous emmènent à la gare.

A peu de distance nous saluons Ancône, ville forte, qui se baigne dans la mer ; elle était ravissante avec ses maisons en amphithéâtre, colorées des derniers feux du jour; peu à peu les voiles de la nuit couvrirent la mer que l'on côtoyait, et j'étais bercé par je ne sais quelle poésie, quelle vague rêverie qui fit couler les heures rapidement. A quatre heures du matin, on descendait à Padoue, on s'organise en procession, chapelet à la main, et nous voilà partis ; on eut l'honneur et le bonheur d'être insultés, et l'on répondit à ces insultes par des *ave* plus vibrants. Padoue est la ville de saint Antoine ; elle est tout embaumée des souvenirs de cet illustre enfant de saint François d'Assise ; elle est aussi la ville de notre saint François de Sales ; c'est là qu'il étudia le droit, et j'ai visité la grande salle où il subit, d'une manière si brillante, les épreuves du doctorat. — Journée fatigante, on n'avait pas dormi. A cinq heures, on arrivait à Venise, la *reine des eaux*.

La première impression est pénible ; il pleut, la gondole ressemble à un tombeau ; on traverse un affreux canal, on arrive à l'hôtel, on soupe et l'on songe à prendre un peu de repos.

Le lendemain, Venise se vengeait ; elle était belle avec son grand saint Marc, ses places, ses palais qui se mirent dans les ondes ; presque pas de rues, mais des canaux sur lesquels glissent les coquettes gondoles, et c'est ainsi que nous visitons tous ensemble les souvenirs chrétiens de Venise : cathédrale, églises, palais indescriptible des doges redisant la gloire effacée de Venise et de la France au temps des croisades et des Turcs ; que de grands souvenirs historiques me revenaient à la mémoire ! Nous allons (ô bonheur !) visiter en premier lieu le cœur de notre bien-aimé père et docteur saint François de Sales, chez les heureuses Visitandines de Venise ; que de choses j'avais à dire à ce cœur pour moi et pour tant d'âmes ! Nous clôturons nos visites aux diverses églises de Saint-Laurent Justitien, de Saint-Zacharie, des Saints-Jean et Paul, par le Mois de Marie et la bénédiction du Saint-Sacrement dans la riche église de Notre-Dame du Salut ; et nos vingt ou trente gondoles nous ramènent à nos hôtels. On dine rapidement ; c'est huit heures du soir, la nuit est sombre ; la brise tout embaumée vient nous caresser ; on monte en gondole, elle fuit, fuit doucement, on avance en pleine mer ; la place Saint-Marc est brillamment éclairée ; son vieux palais, son campanile, sont dans l'ombre. La mer est calme, on entend à peine le clapotement de ses vagues ; on s'engage dans le grand canal ; Venise semble dormir, tellement il y a de calme et de silence, et notre gondole glisse toujours, et des chants viennent mourir tout près de nous ; c'était enchanteur ; on revint ; et vers minuit on se reposait : Venise est *inoubliable*.

Je suis monté au sommet du campanile (clocher) d'où le regard embrasse tout Venise et les campagnes luxuriantes qui forment sa ceinture ; j'ai vu le fameux *Pont des Soupirs*, et les escaliers de la prison où gémit de longues années le tendre et si chrétien Silvio Pellico.

Ce matin, à neuf heures, on disait adieu à Venise ; on traversait les immenses plaines de la Lombardie, et, à cinq heures du soir, on entrait à Milan, ville de plus de deux cent mille âmes, belle, propre, ayant toutes les allures de la grande ville. Je suis logé dans un hôtel tout près de la cathédrale de Saint Charles-Borromée, et, de ma fenêtre, je vois le dôme ; j'ai fait ma visite à cette *huitième merveille du monde*, et je suis littéralement tombé en extase ; c'est à mes yeux la plus belle église d'Italie que j'aie vue ; église gothique, immense, cinq nefs. L'extérieur est tout en clochetons, en découpures de marbre blanc ; ce sont les plus belles et les plus fines dentelles que l'on pourrait broder !... Les nefs *priantes* (si je puis parler ainsi), sont pleines d'ombre et de mystère ; je suis resté là bien longtemps, et le gardien a dû me chasser à l'heure de la fermeture de l'église.

Je suis allé me promener *seul* au passage Victor-Emmanuel qui, par sa largeur, son luxe, ses flots de lumière, surpasse les plus beaux de Paris. Une foule immense inondait les allées, et j'étais là, seul : ils rêvaient, ces nombreux promeneurs, ils rêvaient sans doute fortune, plaisirs, honneurs, et je regardais mon dôme de Saint-Charles, je bénissais le catholicisme qui a donné des ailes au génie, et je rêvais de vous, mes chers amis, de la Savoie, d'Annecy, de nos missions si chères, et je trouvais ma part bien belle en ce monde.

Allons, adieu, il est tard, prions un peu, allons prendre du repos, on en a besoin en voyage. Soyez heureux, mes chers amis, aimez-moi comme je vous aime, je vous envoie à l'ombre de Saint-Charles, les meilleurs souvenirs. — Adieu.

Annecy, 14 mai 1880.

MES BIENS CHERS AMIS,

Je suis rentré hier soir à Annecy par le dernier train, et je viens vous donner le récit de mes derniers jours et de mes dernières heures en Italie.

Je vous ai déjà raconté mon arrivée à Milan et ma première visite au dôme.

Dimanche, 9 mai, je dis ma messe dans l'église de Saint-François de Paule, à l'autel de saint François de Sales, et je me rends bien vite à la vieille basilique de Saint-Ambroise où se disait la messe du pèlerinage. Le directeur célébra le saint Sacrifice sur le corps même du grand évêque, dans la crypte qui abrite ses dépouilles vénérées. Que de souvenirs dans cette église ! C'est là, dans cette *même* basilique, au pied de cette *même* chaire, qu'Augustin écoutait Ambroise, pleurait au chant des hymnes sacrées, et enfin se rendait à Dieu ; c'est là qu'Ambroise baptisa son pénitent, et c'est là (pour moi, cela ne fait pas de doute, malgré les négations de la critique moderne), c'est là que fut entonné, sous le souffle d'une puissante émotion, notre incomparable *Te Deum* que nos cœurs et nos lèvres empruntent dans toutes leurs actions de grâces.

Saint-Ambroise est une église de *famille*. A côté du corps de saint Ambroise, il y a le corps de saint Satyre, son frère, de sainte Marceline, sa sœur, puis les corps des deux soldats martyrs, saint Gervais et saint Protais. Là se trouvent, pour ainsi dire, dans un coup d'œil, toutes les puissances de l'Église catholique : puissance de la parole sacerdotale sur les lèvres de saint Ambroise, et plus tard, de saint Augustin ; — puissance de la virginité dans sainte Marceline ; — puissance du courage chrétien dans les deux soldats qui sont martyrs plutôt que de trahir leur foi ; — puissance d'une conscience d'évêque dans saint Ambroise arrêtant Théodose souillé de sang, l'arrêtant au parvis du temple et l'empêchant d'entrer ; — puissance aussi de l'humilité chrétienne dans l'empereur Théodose, qui s'incline devant la sentence de l'évêque de Milan, et fait pénitence aux yeux de tout son peuple.

A onze heures, la jeunesse catholique nous avait invité à une grand'messe selon le rite ambroisien, grand'messe qu'elle faisait célébrer à la suite d'un *Triduum* dans l'église de Saint-Satyre. Délicieuse musique, panégyrique d'Ambroise en italien ; en regardant cette jeunesse si pieuse, si recueillie, je me disais : Qui nous donnera, dans notre pauvre France, des jeunes gens comme ceux du cercle catholique de saint Ambroise !

A l'issue de la messe, ascension du dôme ; c'est un vrai voyage ; mais comme on juge bien du monument, comme on peut bien contempler la forêt de statues qui l'ornent ! J'ai une délicieuse surprise au sommet de l'un des escaliers : je trouve la statue de mon bien-aimé Père, saint François de Sales. Arrivé à la dernière galerie, aux pieds de la colossale statue de l'Immaculée, quel panorama ! Milan s'étale sous votre regard ; puis, par-delà, les plaines immenses de la Lombardie ; silencieux, accoudé à la balustrade, je regardais, regardais encore, cherchant à l'horizon je ne sais quelle terre ; ma vue se prolongeait dans l'infini.... Je redescendis très rapidement, et j'arrivai pour monter dans les tramways qui, dans une heure, à travers une route bordée de beaux arbres et les plus fertiles campagnes, nous conduisirent à Monza, ville de 25,000 âmes, où nous allions voir la couronne de fer, doublée d'un des clous de la crucifixion de Notre-Seigneur ; la population, sympathique, chapeau bas, nous suivait et répondait au chapelet. Notre visite achevée, nous regagnons nos voitures, et la population de Monza nous salue avec un cœur et un élan qui nous touchent profondément ; à sept heures et demie nous rentrions à Milan.

Le lendemain, lundi, 10 mai, le chemin de fer nous dépose à l'*incomparable* chartreuse de Pavie ; j'ai été accablé d'admiration à la vue de tant de richesses et de tant d'œuvres d'art accumulées dans cette chartreuse *déserte* !...

Grands cloîtres (les plus grands et les plus solennels que j'ai vus) silencieux ; les cellules s'ouvrent sur ce cloître, toutes prêtes à être peuplées ; la cloche est à sa place, pour sonner, comme autrefois, les heures de la prière et

de l'expiation : tout est là.... sauf les bons religieux qui créèrent cette merveille, un des plus beaux écrins de l'Italie ; l'indignation me gagnait ; je fis une petite visite au cimetière où les religieux dorment à l'ombre de la croix, et je priai de tout cœur sur ces tombes abandonnées !...

A trois heures, nous entrons à Milan, et à quatre heures le pèlerinage part pour Turin ; un certain nombre de pèlerins restent à Milan ; nous allons au trésor de Saint-Charles, où nous remarquons deux statues de grandeur naturelle en argent, la crosse de saint Charles ; on nous conduit ensuite au *campo santo*, bien inférieur à celui de Gênes au point de vue artistique, mais qui m'a laissé les mêmes impressions fâcheuses au point de vue chrétien.

Le lendemain, mardi, 11 mai, à six heures et demie du matin, nous quittons Milan pour Turin ; je dis adieu à *mon* dôme et je prie pour *les Charles* ; le voyage se fait silencieusement ; une tristesse involontaire s'empare de l'âme, en laissant derrière soi tant de choses aimées vues pour la première, et peut-être, la dernière fois !

Notre après-midi fut employée à visiter deux œuvres catholiques : celle de dom Bosco et celle du vénérable Cottolengo.

Il y a trente ans à peine, dom Bosco, vicaire d'une paroisse de la banlieue de Turin, réunit quelques petits garçons pour leur faire le catéchisme ; quelque temps après, il loue deux chambres, dans lesquelles il abrite de pauvres enfants abandonnés. L'œuvre a grandi sous les bénédictions de la Providence, et, aujourd'hui, en France et en Italie, dom Bosco a réuni 60,000 enfants auxquels on apprend tous les métiers possibles ; 10.000 prêtres sont déjà sortis de cette œuvre, et la maison seule de Turin, à l'ombre de Marie-Auxiliatrice, compte 800 enfants ; dom Bosco est intrépide, et chaque année, il trouve les 1,500,000 francs qu'il lui faut pour toutes ses maisons ; nous visitâmes avec le plus grand plaisir les différents ateliers et nous ne pûmes assez admirer l'ordre parfait qui règne et la touchante affection que les enfants témoignent à dom Bosco.

A côté de cette œuvre, est l'hôpital fondé par le vénérable Cottolengo ; c'est une véritable mosaïque des misères humaines ; petites filles aveugles, sourdes, boiteuses, muettes, scrofuleuses, etc., etc. : toutes les misères sont recueillies là et soignées avec la charité de Jésus-Christ !...

Cédant à de pressantes sollicitations, je me rends à l'exposition des beaux-arts ; je fus profondément attristé de trouver, à côté d'œuvres ravissantes et du goût le plus pur, des statues et des toiles qui font baisser les yeux et interdisent ces salles à toutes les âmes jalouses de garder le parfum si délicat de la pureté.

Dom Bosco et la Jeunesse catholique de Turin nous offrirent une charmante soirée. Accueil enthousiaste de la part de la foule qui envahissait les grandes cours, chants très bien exécutés par les enfants de l'œuvre ; discours pleins de verve, de foi et de piété de dom Bosco et de quelques-uns des membres de la Jeunesse catholique ; nous rentrons charmés, et pleins de reconnaissance pour tous ces cœurs vaillants qui nous confondirent par leurs délicates attentions.

Mercredi, 12 mai, je n'eus que le temps de faire une visite rapide à la *Superga*, à la madone de la *Consolata*, et à l'église de *Corpus Domini* ; l'heure du départ sonnait : notre pèlerinage touchait à son terme.

Je descends à Chambéry ; j'échange avec les pèlerins de nombreuses marques de sympathie ; nous nous promettons de prier les uns pour les autres, et je les salue une dernière fois.

Le lendemain matin, j'eus le bonheur de dire la messe à la Visitation, un *Salve Regina*, pieusement exécuté, portait à Marie les prières et les vœux de toute cette sainte maison : j'avais une joie intime de remercier le divin Cœur de toutes les grâces répandues sur mon pèlerinage, et de le remercier dans une église de nos saints bien-aimés : saint François de Sales et sainte Jeanne-Françoise de Chantal.

Le soir, je revoyais avec bonheur notre chère ville d'Annecy que je retrouve bien gracieuse, bien attachante, même après toutes les beautés que j'ai admirées.

Voilà, mes chers amis, les dernières lignes du récit de mon pèlerinage. Puisse ce récit, bien pâle, sans doute, mais fait avec ma foi et mon cœur, vous être agréable : puisse-t-il mettre de plus en plus dans nos âmes l'amour de la sainte Eglise, l'amour du Pape et de toutes les grandes et immortelles choses que nous devons aimer et vénérer ! Adieu.